Daniel Simmank

IT-Sourcing-Strategien. Implementierung und Evaluation

GRIN Verlag

Bibliografische Information der Deutschen Nationalbibliothek:

Die Deutsche Bibliothek verzeichnet diese Publikation in der Deutschen National-
bibliografie; detaillierte bibliografische Daten sind im Internet über http://dnb.d-
nb.de/ abrufbar.

Dieses Werk sowie alle darin enthaltenen einzelnen Beiträge und Abbildungen
sind urheberrechtlich geschützt. Jede Verwertung, die nicht ausdrücklich vom
Urheberrechtsschutz zugelassen ist, bedarf der vorherigen Zustimmung des Verla-
ges. Das gilt insbesondere für Vervielfältigungen, Bearbeitungen, Übersetzungen,
Mikroverfilmungen, Auswertungen durch Datenbanken und für die Einspeicherung
und Verarbeitung in elektronische Systeme. Alle Rechte, auch die des auszugsweisen
Nachdrucks, der fotomechanischen Wiedergabe (einschließlich Mikrokopie) sowie
der Auswertung durch Datenbanken oder ähnliche Einrichtungen, vorbehalten.

Impressum:

Copyright © 2013 GRIN Verlag GmbH
Druck und Bindung: Books on Demand GmbH, Norderstedt Germany
ISBN: 978-3-656-53432-7

Dieses Buch bei GRIN:

http://www.grin.com/de/e-book/264167/it-sourcing-strategien-implementierung-
und-evaluation

GRIN - Your knowledge has value

Der GRIN Verlag publiziert seit 1998 wissenschaftliche Arbeiten von Studenten, Hochschullehrern und anderen Akademikern als eBook und gedrucktes Buch. Die Verlagswebsite www.grin.com ist die ideale Plattform zur Veröffentlichung von Hausarbeiten, Abschlussarbeiten, wissenschaftlichen Aufsätzen, Dissertationen und Fachbüchern.

Besuchen Sie uns im Internet:

http://www.grin.com/

http://www.facebook.com/grincom

http://www.twitter.com/grin_com

IT-Sourcing-Strategien

Implementierung und Evaluation

Modul: IMG02 - IT-Strategie, -Planung und -Controlling

Daniel Simmank, Studiengang Wirtschaftsinformatik M.Sc.

März 2013

Inhaltsverzeichnis

Abbildungsverzeichnis

Tabellenverzeichnis

Abkürzungsverzeichnis

NWA   Nutzwertanalyse

SLA   Service-Level-Agreement

ZHAW   Züricher Hochschule für angewandte Wissenschaften

1 Einleitung

Der Einsatz von IT ist aus der betrieblichen Praxis nicht mehr wegzudenken. Sie ist in einigen Unternehmen integraler Bestandteil der betrieblichen Prozesse und ohne sie würde die komplette Produktion komplett zum Erliegen kommen. Die Gründe hierfür sind vielfältig. Einerseits unterstützt die IT den Produktionsprozess selbst und steigert somit Quantität und Qualität der betrieblichen Erzeugnisse. Andererseits kann sie die betrieblichen Prozesse enorm optimieren, was die Realisation massiver Einsparungen ermöglicht. Diese und andere Vorteile müssen sich die Unternehmen jedoch teuer erkaufen. Die Ausgaben für die IT stellen einen relativ großen Anteil an den Gesamtkosten der Unternehmen dar, der je nach Branche zwischen 1% und 10% des Umsatzes liegen kann (vgl. Schülein & Murnleitner, 2009, S. 6). Die Unternehmen sind daher bestrebt, ihre IT möglichst effizient zu nutzen.

Um dies zu ermöglichen, setzen die Unternehmen auch im IT-Bereich seit langem auf das bewährte Verfahren der Arbeitsteilung. So werden z.B. einzelne Prozesse oder konkrete IT-Ressourcen an spezialisierte Dienstleister übergeben um Kosteneinsparungen zu realisieren oder vom Know-How der Spezialisten zu profitieren. Es handelt sich hierbei demzufolge häufig um klassische „Make-or-Buy" Entscheidungen, wie sie auch in der Industrie häufig anzutreffen sind. Doch ähnlich wie in der Industrie ist auch die Vergabe von IT-Leistungen an Dritte nicht immer die beste Alternative. Der Grund hierfür liegt in den organisatorischen Herausforderungen, welche sich aus einer unternehmensübergreifenden Kooperation ergeben. (vgl. Gründer, 2011, S. 18ff)

Dass es sich hierbei um ein sehr wichtiges Thema für Unternehmen handelt, belegt eine Studie der Züricher Hochschule für angewandte Wissenschaften (ZHAW). Bei dieser Studie wurden Experten aus 112 Unternehmen befragt, inwiefern die Auslagerung von IT-Diensten eine Rolle in ihrem Unternehme spielt. 16% der befragten Unternehmen gaben an, dass IT-Dienste zu einem großen Teil oder gar vollständig ausgegliedert wurden. Bei weiteren 56% wurden zumindest einige Dienste bereits ausgelagert. Dieser hohe Anteil der Unternehmen ist ein deutliches Indiz dafür, dass das Thema für die Unternehmen sowohl wichtig, als auch aktuell ist. Diese Einschätzung deckt sich auch mit der Erfahrung des Autors dieser Arbeit. (vgl. Minonne et al., 2011, S. 14f)

In der Praxis werden diverse Strategien eingesetzt, um die IT der Unternehmen optimal nutzen zu können. Die korrekte Strategie auszuwählen, stellt die Unternehmen jedoch häufig vor enorme Probleme, da dies i.d.R. eine sehr komplexe Fragestellung darstellt. Ziel dieser Arbeit soll es daher sein darzustellen, welche IT-Strategien aus Sicht von Unternehmen existieren und wie diese erfolgreich evaluiert und implementiert werden können. Ein strukturiertes Vorgehen bei der Implementierung ist nach der Erfahrung des Autors besonders wichtig, da der Erfolg der Strategie maßgeblich davon abhängt, wie gut diese vorbereitet und umgesetzt wird.

Um das Ziel der Arbeit zu erreichen, werden im Kapitel 2 zunächst die relevanten Grundlagen definiert. Hierbei wird zunächst die zentrale Begrifflichkeit „IT-Sourcing" erläutert (Kapitel 2.1). Anschließend wird ein Modell vorgestellt, mit dessen Hilfe IT-Sourcing-Strategien erfolgreich implementiert werden können, da bei allen weiteren Überlegungen von einer hinreichend guten Vorgehensweise bei der Strategieimplementierung ausgegangen wird (Kapitel 2.2). Einen wesentlichen Bestandteil dieses Modells stellt hierbei die Evaluation der möglichen Strategien dar, welche daher gesondert beschrieben wird (Kapitel 3). Hierbei wird zunächst das allgemeine Vorgehen zur Strategieevaluation beschrieben (Kapitel 3.1). Im Anschluss werden in den Kapiteln 3.2 bis 3.4 die wesentlichen Strategien nebst ihren Chancen und Risiken einzeln beschrieben und es wird versucht, eine allgemeine Aussage über ihren Einsatzbereich abzuleiten. Abschließend werden in Kapitel 4 die wesentlichen Aspekte dieser Arbeit zusammengefasst und das angewandte Vorgehen im Rahmen dieser Arbeit wird kritisch gewürdigt.

2 Grundlagen

2.1 IT-Sourcing

Der Begriff IT-Sourcing stellt einen Oberbegriff für die Beschaffung von Diensten im IT-Bereich dar. Hierbei ist zu beachten, dass es sich nicht zwangsläufig um eine Fremdbeschaffung der IT-Dienste handeln muss, welche gemeinhin als Outsourcing bezeichnet wird. Auch die interne Leistungserstellung von IT-Diensten ist denkbar und wird gemeinhin als Insourcing bezeichnet. Weiterhin kann der Begriff sowohl prozessorientiert als Beschaffung von IT-Diensten oder strukturorientiert als konkrete Ausgestaltung der organisatorischen Umsetzung des Leistungsbezugs interpretiert werden. (vgl. Strahringer, 2005, S. 114)

Unter dem Begriff IT-Sourcing-Strategie wird demnach eine konkrete Form der Beschaffung von IT-Ressourcen oder IT-Diensten verstanden, wobei deren Quelle von der jeweiligen Strategie abhängt. Eine weitere Herausforderung besteht in der Differenzierung verschiedener IT-Sourcing-Strategien. In der Abbildung 1 werden diverse Parameter dargestellt, nach denen IT-Sourcing Strategien differenziert werden können.

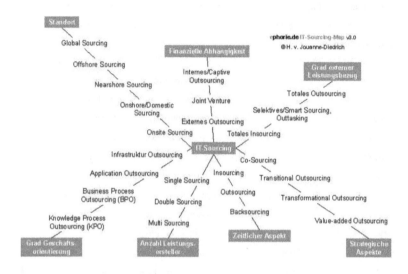

Abbildung 1 - IT-Sourcing-Map (Gadatsch & Mayer, 2010, S. 324)

Neben den Parametern werden in der Abbildung konkrete Ausprägungen benannt, welche an dieser Stelle aus platzgründen nicht alle beschrieben werden können. Hier kann nur auf die entsprechende Fachliteratur verwiesen werden (vgl. Gadatsch & Mayer, 2010, S. 324ff). Wichtig ist die Erkenntnis, dass keine einheitliche Differenzierung verschiedener IT-Sourcing-Strategien existiert. Um im Rahmen dieser Arbeit diverse Strategien in einer strukturierten Form präsentieren zu können, wurde die Entscheidung getroffen, die diversen Strategien primär nach dem Grad des externen Leistungsbezugs zu differenzieren, da diese Differenzierung die Unternehmen nach Meinung des Autors am meisten tangiert. Andere Differenzierungen, wie z.B. der Standort, sind eher für die Outsourcing Dienstleister interessant, welche jedoch im Rahmen dieser Arbeit nicht betrachtet werden.

2.2 Allgemeine Vorgehensweise bei der Strategieimplementierung

Die Strategieimplementierung stellt Unternehmen in der Praxis immer wieder vor große Probleme, weswegen diverse Verfahren zur Strategieimplementierung entwickelt wurden. Söbbing et al. empfehlen hierfür ein vier-Phasen-Modell für die Implementierung von Outsourcing-Vorhaben. Dieses ist nach Sicht des Autors jedoch nicht unbedingt geeignet, da das Modell suggeriert, dass es sich bei Outsourcing-Vorhaben um einmalige, abgeschlossene Vorhaben handelt (vgl. Söbbing et al., 2006, S. 239ff). Gründer empfiehlt hier den Einsatz des OMIT-Modells, welches eine Methode darstellt, die konkret für das IT-Outsourcing konzipiert wurde und in der Praxis sehr erprobt ist (2011, S. 262f). Das OMIT-Modell umfasst den gesamten Lebenszyklus eines IT-Outsourcing-Projektes und strukturiert diesen in vier Phasen. Die vier Phasen werden in der Abbildung 2 dargestellt.

Abbildung 2 - OMIT-Modell (vgl. Gründer, 2011, S. 263)

Wie in der Abbildung zu erkennen ist, betrachtet Gründer Outsourcing-Vorhaben als einen fortlaufenden Zyklus. Diese Eigenschaft ist sehr sinnvoll, da das Outsourcing, bzw. das IT-Sourcing im Allgemeinen, keine einmalige Entscheidung darstellt sondern die Unternehmen fortlaufend, meist für eine lange Zeit, begleitet. Es sollte daher beachtet werden, dass das IT-Sourcing auch zyklisch evaluiert wird. Erbringt es nicht den erwarteten Nutzen, müssen geeignete Schritte eingeleitet werden um die Defizite zu beheben. Die einzelnen Phasen des OMIT-Modells werden im Folgenden näher vorgestellt. Da im Rahmen dieser Arbeit nicht nur IT-Outsourcing, sondern auch das IT-Insourcing als mögliche Strategie betrachtet wird, muss das Modell jedoch insofern angepasst werden,

als dass Phase 2 nicht mehr als Ausschreibung, sondern allgemeiner als „Auswahl"
bezeichnet wird.

Phase 1 - Analyse

In dieser Phase muss der aktuelle Ist-Zustand zunächst detailliert analysiert werden. Hierzu
sollte zunächst ein Projektteam aufgebaut werden, dessen Aufgabe es ist, eine
strukturierte Übersicht über alle Kern- und Supportprozesse anzufertigen, welche derzeit
im Unternehmen vorhanden sind, oder künftig benötigt werden. Basierend auf dieser
Übersicht kann der Sourcing-Bedarf ermittelt werden, indem verschiedene Strategien
evaluiert werden. Da es sich hierbei um einen sehr wesentlichen Schritt handelt, welcher
langfristige Folgen hat und recht komplex ist, wird im Rahmen des Kapitel 3 eine
detaillierte Beschreibung zum Vorgehen bei der Evaluation gegeben und diverse Sourcing-
Strategien werden erläutert.

Phase 2 - Auswahl

Nachdem die Entscheidung für eine konkrete Strategie gefallen ist, muss ein konkreter
Outsourcing-Partner gewählt, bzw. das interne Vorgehen geplant und vorbereitet werden.
Hat sich das Unternehmen für Outsourcing entschieden, muss es zunächst Ausschrei-
bungsunterlagen anfertigen (z.B. Leistungsanforderungen, Parameter für Service-Level-
Agreements), diese weiterreichen und nach dem Eingang der Angebote mit den relevanten
Partnern Gespräche führen, um sich für den richtigen Partner entscheiden zu können.
Wichtig ist hierbei, dass das Unternehmen seine Anforderungen korrekt kommuniziert um
ein möglichst optimales Ergebnis erreichen zu können. (vgl. Gründer, 2011, S. 267f)

Entscheidet sich das Unternehmen für Insourcing, sollten die Ziele für die IT-Vorhaben
dennoch klar definiert und im Unternehmen kommuniziert werden. Weiterhin müssen die
geeigneten IT-Ressourcen für die Umsetzung der Strategie gewählt werden. Unabhängig
von der Strategie muss im Falle eines Wechsels der Dienstquelle (z.B. bei einem Wechsel
von In- auf Outsourcing oder bei einem Wechsel des Outsourcing-Dienstleisters) ein grober
Transitionsplan erstellt werden, um eine Vorstellung über das prinzipielle Vorgehen bei der
Transition zu bekommen.

Phase 3 - Transition

In dieser Phase wird, sofern notwendig, der Wechsel der Dienstquelle vollzogen. Hierzu wird der, in Phase 2 erstellte, grobe Transitionsplan weiter verfeinert. Im Anschluss werden die einzelnen Assets an die neue Dienstquelle übertragen (z.B. Mitarbeiter oder IT-Ressourcen) und es müssen geeignete Controlling- und Governance-Systeme aufgesetzt sowie entsprechende Berichte bereitgestellt werden. (vgl. Gründer, 2011, S. 268f)

Phase 4 - Betrieb

Neben dem IT-Tagesgeschäft und der Einführung etwaiger neuer IT-Projekte, muss ein konsequentes Monitoring der IT-Qualität erfolgen. Hierzu muss überprüft werden, ob die Ziele erreicht werden, welche mit der IT-Sourcing-Strategie verfolgt wurden. Hierzu bietet sich ein ähnliches Vorgehen an, wie es auch bei der Initial-Evaluation vorgeschlagen wird (vgl. Kapitel 3.1). Wichtig ist, dass die Einhaltung der gewünschten Ziele überwacht wird, sodass im Fall von Abweichungen geeignete Schritte eingeleitet werden können. Generell sollte nach Ablauf der Vertragslaufzeit, bei großen Abweichungen im Hinblick auf die Zielerreichung, bzw. nach einer angemessenen Frist (im Falle des Insourcings) der komplette Zyklus von vorn begonnen werden, um sicherzustellen, dass eine möglichst optimale IT-Sourcing-Strategie eingesetzt wird. (vgl. Gründer, 2011, S. 270f)

3 IT-Sourcing-Strategien

3.1 Strategieevaluation

Das IT-Outsourcing wird allgemein eingesetzt, um einen höheren Gewinn im Unternehmen erzielen zu können. Es ist jedoch sehr schwierig, die Gewinnauswirkungen des IT-Outsourcings zu quantifizieren. So lassen sich i.d.R. zwar Kostenvergleiche anstellen, doch die Ermittlung der Auswirkungen auf den Umsatz ist in den meisten Fällen unmöglich. Hat eine konkrete IT-Outsourcing-Entscheidung keinen Einfluss auf den Umsatz sollten die Kosten mittels der sog. Kostenvergleichsrechnung verglichen werden. Dies kann z.B. der Fall sein, wenn Supportprozesse wie die Buchhaltung ausgegliedert werden sollen. Sofern die Umsätze durch das Outsourcing-Vorhaben tangiert (z.B. durch die Einführung eines Onlineshops als zusätzlichen Absatzkanal) und deren Höhe geschätzt werden kann, bieten sich andere Verfahren, wie z.B. die Gewinn- oder Rentabilitätsvergleichsrechnung an. Auch die Kapitalwertmethode stellt in diesem Fall ein gutes Mittel zur Evaluation der finanziellen

Auswirkungen dar, da sie auch den Zeitwert des Geldes berücksichtigt, indem Renditeforderungen usw. berücksichtigt werden. Auf eine detaillierte Beschreibung dieser Methoden wird im Rahmen dieses Assignments aus Platz- und Zeitgründen verzichtet, da das prinzipielle Vorgehen bei diesen Methoden eher trivial ist. An dieser Stelle kann nur auf einschlägige Fachliteratur verwiesen werden. (vgl. Hoffmeister, 2007, S. 36ff)

Die zuvor genannten Methoden betrachten jedoch nur die direkten finanziellen Auswirkungen von IT-Outsourcing-Projekten. Wie eine Studie der ZHAW zeigte, versprechen sich Unternehmen vom IT-Outsourcing jedoch auch andere Vorteile, die sich nur indirekt auf die finanzielle Situation auswirken. Die Beweggründe (Chancen), welche in der empirischen Studie am häufigsten Erwähnung fanden, werden in der Tabelle 1 nebst den Risiken dargestellt, welche Unternehmen im Hinblick auf das IT-Sourcing befürchten.

Chancen	Risiken
Konzentration auf Kernkompetenzen	Abhängigkeit vom Dienstleister
Zugriff auf externes Know-How	Schnittstellenprobleme
Flexible Anpassung des Bedarfs	Kontrollverlust über Geschäftsprozesse
Kostenvorteile	Verlust von Know-How
Definierte Service-Level	Ausweis des finanziellen Nutzens nicht ausreichend
Kostentransparenz	Unternehmenskultur
Nutzung neuester Technologien und Verfahren	Ungenügende Reife der externen Prozesse
Risikoreduktion bzw. -abgabe	Zu hohe operative Kosten
Reduktion der Abhängigkeit von Spezialisten	Schwere Festlegung von Kenzahlen und Messgrößen
	Schwere Ausrichtung auf Unternehmensstrategie

Tabelle 1 - Chancen und Risiken des IT-Outsourcings
(in Anlehnung an Minonne et al., 2011, S. 13ff)

Wie der Tabelle zu entnehmen ist, spielt die direkte Kostenreduktion für die Unternehmen auch eine Rolle, aber sie ist nur einer von vielen Faktoren. Eine besondere Bedeutung kommt der Konzentration auf das Kerngeschäft zu. Die Unternehmen möchten sich von Supportaufgaben befreien und ihre eigenen Ressourcen auf ihre Kernkompetenzen fokussieren. Ein weiterer wichtiger Aspekt besteht darin, dass die Unternehmen vom Know-How der Dienstleister profitieren möchten, da diese sich in der Regel mit branchenweit homogenen Prozessen besser auskennen als die Unternehmen selbst. Weiterhin erhoffen sie sich vom Outsourcing Vorteile im Hinblick auf die Flexibilität des Outsourcing-Anbieters, eine hohe Dienst-Verfügbarkeit und Risikoreduktionen. Aufgrund dessen sollten diese Faktoren auch bei der Strategieevaluation berücksichtigt werden. Hierzu bietet sich die Durchführung einer Nutzwertanalyse (NWA) an, da diese auch nicht-finanzielle Kriterien berücksichtigt. Auf eine Ablaufbeschreibung der NWA wird an dieser Stelle ebenfalls verzichtet, da das prinzipielle Vorgehen bei diesem Verfahren eher trivial ist und sie sehr gut in der einschlägigen Fachliteratur beschrieben wird (vgl. Hoffmeister, 2007, S. 278ff).

Bei der Anwendung der NWA sollte jedoch beachtet werden, dass alle für das Unternehmen relevanten Parameter berücksichtigt und korrekt gewichtet werden. Hier können auch die finanziellen Auswirkungen in Form eines Parameters beachtet werden. Aus der individuellen Gewichtung der Parameter ergibt sich eine besondere Erkenntnis für dieses Assignment. Es kann nicht pauschal beurteilt werden, ob eine bestimmte Sourcing-Strategie gut oder schlecht ist, da dies stark von den Anforderungen des konkreten Unternehmens abhängt. Aufgrund dessen werden in den folgenden Kapiteln nur die Chancen und Risiken der einzelnen Strategien dargestellt. Diese werden hierbei ermittelt, indem sequentiell überprüft wird, inwiefern die Chancen und Risiken aus Tabelle 1 auf die jeweilige Sourcing-Strategie zutreffen. Aus den Chancen und Risiken wird weiterhin ermittelt, für welche Unternehmen sich die jeweilige Strategie prinzipiell eignen könnte, was jedoch aufgrund fehlender empirischer Forschung nur auf einer sehr abstrakten Ebene erfolgen kann. Es wird empfohlen, einen Kriterienkatalog basierend auf den o.g. Chancen und Risiken aufzubauen, der alle wesentlichen Parameter für die NWA enthält und auf die Bedürfnisse des Unternehmens angepasst ist. Dieser Kriterienkatalog kann weiterhin als Basis für die Ausschreibung verwendet werden, wobei er aufgrund der hohen Abstraktion eher als Checkliste anzusehen ist.

3.2 Totales Insourcing

In der Literatur wird unter dem Begriff Insourcing häufig der Übergang von einem bereits implementierten Outsourcing-Vorhaben zurück ins eigene Unternehmen bezeichnet (vgl. Gabler Wirtschaftslexikon, 2012). Im Rahmen dieses Assignments ist diese Definition jedoch unangebracht, da hier unter Insourcing der allgemeine Verbleib von IT-Ressourcen und -Diensten im Unternehmen verstanden wird – auch dann, wenn vorher kein IT-Outsourcing stattfand. Die Chancen und Risiken dieser IT-Sourcing-Strategie werden in der Tabelle 2 dargestellt.

Chancen	Risiken
Keine Abhängigkeit von Dienstleistern	Keine Konzentration auf Kernkompetenzen
Keine Probleme mit Schnittstellen zum Anbieter	Kein Zugriff auf externes Know-How
Volle Kontrolle über eigene Prozesse	Flexible Anpassung an Bedarf muss durch eigene Mitarbeiter gewährleistet werden
Know-How bleibt im eigenen Unternehmen	Keine konkrete Definition von Service-Levels
Unternehmenskultur kann ggf. besser integriert werden	Kostenzuordnung zu einzelnen Prozessen ggf. schwierig
Unternehmensstrategie kann ggf. besser kommuniziert werden	Implementierung neuer Technologien und Verfahren obliegt den eigenen Mitarbeitern
Evtl. niedrige Kosten	Risiken obliegen dem eigenen Unternehmen
	Abhängigkeit von internen Spezialisten
	Evtl. hohe Kosten

Tabelle 2 - Chancen und Risiken des totalen Insourcings

Wie der Tabelle zu entnehmen ist, ergeben sich aus dieser Variante diverse Chancen, aber auch Risiken. Der größte Vorteil besteht wohl darin, dass das Unternehmen die volle Kontrolle über die IT-Aktivitäten hat und somit unabhängig von externen Dienstleistern ist. Allerdings besteht dadurch auch keine sourcingbedingte Möglichkeit, externes Spezialistenwissen in das Unternehmen zu integrieren. Inwiefern die Kosten beim Insourcing positiv beeinflusst werden hängt maßgeblich von der internen Kostenstruktur ab. Allgemein lässt sich sagen, dass diese radikale Form nur für Unternehmen geeignet ist, bei denen die IT-Prozesse einen enormen Einfluss auf die Wertschöpfung haben und wenige, leicht handhabbare Supportprozesse existieren. Dies dürfte primär auf Unternehmen in der IT-Branche zutreffen. Dennoch existieren wahrscheinlich auch in derartigen Unternehmen einzelne Supportprozesse, die hochgradig standardisiert sind und ggf. dahingehend überprüft werden sollten, ob eventuell Outsourcing-Potential besteht.

3.3 Selektives Outsourcing

Beim selektiven Outsourcing werden nur bestimmte Teile der IT ausgegliedert, während andere dem Unternehmen erhalten bleiben. Es wird oft argumentiert, dass nicht nur komplette IT-Dienste sondern auch einzelne IT-Ressourcen fremd beschafft werden können. Die einzelnen IT-Ressourcen werden hierbei gemeinhin in die vier Kategorien Anwendungen, Informationen, Infrastruktur und Personen differenziert und als Basis von IT-Diensten verstanden (vgl. IT-Governance Institute, 2003, S. 38f). Nach Sicht des Autors ist diese Differenzierung zwar korrekt, aber in der Praxis wird es schwer möglich sein, einzelne Informationen oder Personen auszugliedern. Daher wird bei den IT-Ressourcen in Anlehnung an (Gadatsch & Mayer) eine dreischichtige Differenzierung in Infrastruktur,

Anwendungen und Prozesse vorgenommen (vgl. 2010, S. 334f). Die möglichen Ausprägungen des selektiven Outsourcings werden in Abbildung 3 dargestellt.

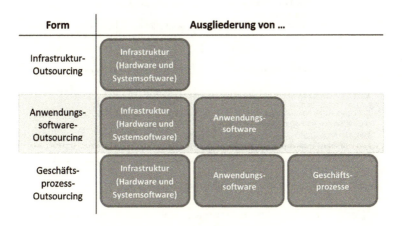

Abbildung 3 - Formen des selektiven IT-Outsourcings
(in Anlehnung an Gadatsch & Mayer, 2010, S. 334f)

Wie in der Abbildung zu erkennen ist, sind die einzelnen IT-Ressourcen stufenförmig definiert. Somit wird z.B. beim Ausgliedern kompletter Geschäftsprozesse auch die dafür nötige Soft- und Hardware ausgegliedert. Es ist zu beachten, dass bei der Infrastruktur lediglich Hardware- und Netzwerkkomponenten sowie ggf. die nötige Systemsoftware angesiedelt sind. Häufig wird auch die Anwendungssoftware als Teil der Infrastruktur angesehen – diese ist im Rahmen dieses Assignments jedoch deutlich abzugrenzen. Allgemein wird im Rahmen dieses Assignments der Begriff Sourcingobjekt als Sammelbegriff für einzelne IT-Ressourcen oder Geschäftsprozesse verwendet, für die eine IT-Sourcing-Strategie umgesetzt werden soll. Zu den einzelnen Formen existieren diverse, konkrete Ausprägungen, welche aus Platz- und Zeitgründen in diesem Assignment nicht präziser analysiert werden können. Dies sind z.B. Formen wie Application-Service-Providing (ASP), Cloud-Computing oder Software as a Service (SaaS).

In der Tabelle 3 werden die Chancen und Risiken dieser Strategie vorgestellt.

Chancen	Risiken
⊘ Konzentration auf Kernkompetenzen möglich	⊘ Abhängigkeit vom Dienstleister
⊘ Zugriff auf externes Know-How in frei wählbaren Bereichen (Supportprozesse können evtl. entschlackt werden)	⊘ Ggf. Schnittstellenprobleme
⊘ Ggf.flexible Anpassung des Bedarfs	⊘ Ggf. Kontrollverlust über Geschäftsprozesse
⊘ Kostenvorteile möglich	⊘ Kostenvorteile stellen sich nicht ein
⊘ Definierte Service-Level für ausgegliederte Bereiche	⊘ Schwere Festlegung von Kenzahlen und Messgrößen
⊘ Kostentransparenz bei ausgegliederten Bereichen	⊘ Ggf .Schwere Ausrichtung auf Unternehmensstrategie
⊘ Nutzung neuester Technologien und Verfahren	⊘ Finanzieller Nutzen kann nicht bestimmt werden
⊘ Risikoreduktion bzw. -abgabe	⊘ Ggf. ungenügende Reife der externen Prozesse
⊘ Reduktion der Abhängigkeit von internen Spezialisten	
⊘ Know-How bleibt bei den Kernprozessen im Unternehmen	

Tabelle 3 - Chancen und Risiken des selektiven Outsourcings

Der größte Vorteil dieser Strategie besteht darin, dass die Sourcingobjekte vom Unternehmen frei wählbar sind. Somit lassen sich die Chancen und Risiken auch auf frei wählbare Bereiche eindämmen. Hierbei ist zu erwähnen, dass die Chancen und Risiken auch mit der Outsourcingtiefe steigen. Wird nur die Infrastruktur ausgegliedert, fallen die Chancen und Risiken geringer aus, als bei der Ausgliederung kompletter Geschäftsprozesse. Es bietet sich daher an, das Outsourcing primär für die Supportprozesse einzusetzen. Sofern diese hochgradig standardisiert sind (wie z.B. die Lohn- und Gehaltsabrechnung), kann hierbei sogar der komplette Geschäftsprozess ausgegliedert werden. Das Ausgliedern von Kernprozessen wird allgemein weniger empfohlen, da hier sehr hohe Risiken bestehen. Dies ist v.a. dann zu beachten, wenn die IT einen sehr hohen Anteil zur Wertschöpfung bei den Kernprozessen beiträgt (z.B. beim Einsatz von Computer Aided Manufacturing). Dennoch wäre es denkbar, auch bei den Kernprozessen ein Outsourcing auf Infrastruktur- oder Anwendungsebene vorzunehmen, um z.B. das Ausfallrisiko an einen Dritten weiterzugeben oder eine hohe Verfügbarkeit durch geeignete Service-Level-Agreements zu erreichen. Diese Schlussfolgerung geht auch mit einer Studie konform, welche aufzeigt, dass in den Jahren 2009 und 2010 am häufigsten die IT-Infrastruktur ausgegliedert wurde, gefolgt von Support-Prozessen wie z.B. ERP-System-Wartung oder Finanzdienstleistungen (vgl. Kotlarsky, Willcocks, & Oshri, 2011, S. 204f).

Wie bereits in Kapitel 2.2 erwähnt ist es für diese Strategie unerlässlich, eine Übersicht über alle IT-gestützten Kern- und Supportprozesse im Unternehmen zu erstellen, um sich für die richtigen Outsourcingformen entscheiden zu können. Weiterhin muss beachtet werden, dass sich bei dieser Strategie nicht zwangsläufig Kosteneinsparungen ergeben müssen. Dies kann v.a. dann eintreten, wenn die IT bereits gut strukturiert ist, schlanke Architekturen einsetzt, oder aufgrund ihrer Größe starke Synergieeffekte nutzen kann. Auch hier ist es somit unerlässlich, die Entscheidungen auf Unternehmensebene zu treffen. Pauschale Aussagen sind aufgrund der vielfältigen Variablen nur bedingt möglich. Abschließend muss erwähnt werden, dass in den Verträgen mit den Outsourcingpartnern versucht werden sollte, die Risiken für das Unternehmen so gut wie möglich einzugrenzen.

3.4 Totales Outsourcing

Bei dieser extremen Form des Outsourcings werden sämtliche IT-Prozesse (Geschäftsprozesse) ausgegliedert. Diese IT-Sourcing-Strategie ist in der Praxis recht selten anzutreffen (vgl. Gadatsch & Mayer, 2010, S. 324f). Allgemein kann dies in zwei wesentlichen Ausprägungen erfolgen, welche im Folgenden näher beschrieben werden.

- Outsourcing bei einem externen Dienstleister
- Outsourcing bei einer Tochtergesellschaft

Outsourcing bei einem externen Dienstleister

Diese Form des Outsourcings geht mit starken Chancen und Risiken einher, welche allgemein mit denen in der Tabelle 1 (S. 7) übereinstimmen. Aufgrund dessen bietet sich diese radikale Form nur dann an, wenn die IT in den Kernprozessen keinen wesentlichen Beitrag zur Wertschöpfung leistet, bzw. die IT im Unternehmen allgemein eine untergeordnete Rolle spielt. Dies kann z.B. in kleinen Handwerksbetrieben der Fall sein, bei denen der IT-Einsatz ein notwendiges Übel ist. Derartige Unternehmen können durchaus von einem externen Dienstleister profitieren, da diese i.d.R. vielfältige Erfahrungen im IT-Bereich besitzen und demnach die Support-Prozesse stark optimieren können. Das Kleinunternehmen kann sich dadurch besser auf seine Kernkompetenzen konzentrieren. Dennoch bestehen hierbei auch Risiken für das Unternehmen, welche nur durch entsprechende Verträge und eine enge Bindung mit dem Outsourcing-Partner erreicht werden können. Für größere Unternehmen dürfte diese Form allgemein absolut ungeeignet sein, da bei diesen i.d.R. eine hohe Wertschöpfung in den Kernprozessen stattfindet.

Bei dieser Sonderform bleibt die IT weiterhin im Konzern angesiedelt. Sie wird jedoch an eine eigenverantwortliche Tochtergesellschaft weitergegeben. Aufgrund dessen ist diese Form dem Insourcing sehr ähnlich. Allerdings kann diese Tochtergesellschaft selbst auch wieder selektives Outsourcing betreiben. Die Chancen und Risiken ergeben sich hierbei also aus der Tabelle 2 (S. 9) bzw. der Tabelle 3 (S. 11). Zusätzlich zu den jeweiligen Chancen und Risiken ergeben sich hierdurch Vorteile aus personalpolitischen und steuerlichen Aspekten. Diese Vorteile können sich durchaus positiv auf das Unternehmen auswirken, da hierbei massiv Kosten eingespart werden können, wobei gewisse personalpolitische Instrumente auch eine demoralisierende Wirkung auf die Mitarbeiter haben können. Allerdings erschwert sich durch diese Form die Kommunikation zwischen den IT-Verantwortlichen und den Leistungsanforderern. Je nach Abrechnungsform muss z.B. jede Transaktion mit der IT-Abteilung dokumentiert werden, wodurch sich die Kommunikation mit der IT wiederrum transparenter darstellt. Weiterhin kann die Trennung auch Schwierigkeiten im Hinblick auf die Harmonisierung der Unternehmens- und der IT-Strategie mit sich bringen. Allgemein eignet sich diese Form nur für große Unternehmen, da kleine Unternehmen kaum einen Konzern gründen werden. Wichtig ist hierbei, eine gute Kommunikation mit der Tochter zu fördern.

4 Zusammenfassung und kritische Würdigung

Eingangs wurde festgestellt, dass die IT in den meisten Unternehmen eine wichtige Rolle spielt, wobei ihre Bedeutung je nach Branche schwanken kann. Viele Unternehmen stehen daher vor klassischen „Make-or-Buy"-Entscheidungen, was ihre IT angeht. Es wurde festgehalten, dass die Beschaffung von IT-Ressourcen und IT-Diensten allgemein als IT-Sourcing bezeichnet wird, wobei dieser Begriff neutral im Hinblick auf die jeweilige Quelle ist. Eine konkrete Form der Beschaffung wird hierbei als IT-Sourcing-Strategie bezeichnet.

Um einen maximalen Erfolg beim Einsatz der IT zu ermöglichen, wurde die Empfehlung gegeben, die IT-Sourcing-Strategien in einem Vier-Phasen-Zyklus durchzuführen. Dieser sollte mit einer strukturierten Ist-Analyse beginnen, wobei stets zu berücksichtigen ist, dass auch die Selbsterstellung der Leistung eine Option sein kann. Im Anschluss an die Ist-Analyse muss die Auswahl eines Anbieters erfolgen, der auch tatsächlich zum Unternehmen und zur Unternehmensstrategie passt. Nachfolgend muss eine gut durchgeplante Transition der entsprechenden Assets erfolgen, um anschließend möglichst reibungslos in den Betrieb übergehen zu können. Wichtig ist hierbei, dass im Betrieb ein geeignetes Monitoring anhand aussagekräftiger Kennzahlen erfolgt, um den Erfolg der Strategie zu kontrollieren. In gewissen Abständen, bzw. beim Auftreten massiver Abweichungen sollte der Zyklus neu gestartet werden. Im Wesentlichen wurden im Rahmen dieses Assignments drei verschiedene IT-Sourcing-Strategien identifiziert:

- Totales Insourcing
- Selektives Outsourcing
- Totales Outsourcing

Die Eignung der jeweiligen Strategien hängt maßgeblich davon ab, inwiefern die IT einen Beitrag zur Wertschöpfung in den Prozessen leistet. Desto höher die Wertschöpfung in den Prozessen ist, desto weniger ist IT-Outsourcing als gute Option anzusehen, da somit der Wertschöpfungsbeitrag des Unternehmens verringert wird. Allgemein bietet das Outsourcing von IT-Ressourcen und –Diensten viele Chancen, aber auch Risiken. Es ist daher unerlässlich für ein Unternehmen, die Schwerpunkte, welche mit der IT-Strategie erreicht werden sollen, festzulegen. Basierend auf diesen Schwerpunkten kann die Wahl der IT-Sourcing-Strategie erfolgen, die am besten zu den Erfordernissen des Unternehmens passt. Da diese Schwerpunkte sich in den verschiedenen Branchen und Unternehmen als recht heterogen darstellen sollten, kann auch keine allgemeingültige Aussage darüber getroffen werden, welche der Strategien die beste ist, da dies stark von den Anforderungen der Unternehmen abhängt. Entscheidet sich ein Unternehmen für Outsourcing ist es dennoch unerlässlich, eine starke Bindung mit dem Outsourcing-Partner aufzubauen und die Risiken durch eine möglichst gute Vertragsgestaltung zu minimieren.

Kritisch an diesem Assignment ist anzumerken, dass die verschiedenen IT-Sourcing-Strategien aus Zeit- und Platzgründen nur recht oberflächlich betrachtet werden konnten. So war es nicht möglich, konkrete Ausprägungen des selektiven Outsourcings näher zu analysieren. Weiterhin basieren die meisten Aussagen in diesem Assignment auf Literaturrecherchen und der Erfahrung des Autors dieser Arbeit. Es war nicht möglich, die Aussagen mittels empirischer Forschung zu validieren. Weiterhin konnte nur eine mögliche Differenzierung von IT-Sourcing-Strategien analysiert werden. Die übrigen Differenzierungen können jedoch ebenfalls einen großen Einfluss für die IT-Sourcing-Strategien in den Unternehmen haben (z.B. die Frage nach Near- oder Offshore-Outsourcing).

Literaturverzeichnis

Gabler Wirtschaftslexikon. (2012). Retrieved März 18, 2013, from
http://wirtschaftslexikon.gabler.de/Definition/insourcing.html

Gadatsch, A., & Mayer, E. (2010). *Masterkurs IT-Controlling.*

Gründer, T. (2011). *IT-Outsourcing in der Praxis.*

Hoffmeister, W. (2007). *Investitionsrechnung und Nutzwertanalyse.*

IT-Governance Institute. (2003). Retrieved März 02, 2013, from
http://www.itgi.org/Template_ITGI64fc.pdf?Section=About_IT_Governance1&Tem
plate=/ContentManagement/ContentDisplay.cfm&ContentID=14529

Kotlarsky, J., Willcocks, L., & Oshri, I. (2011). *New Studies in Global IT and Business Services
Outsourcing.*

Minonne, C., Litzke, M., Colicchio, C., & Keller, T. (2011). *IT-Sourcing-Management 2011 -
Status quo und Zukunft.*

Schülein, P., & Murnleitner, M. (November 2009). Abgerufen am 26. März 2013 von
http://www.pwc.de/de/prozessoptimierung/assets/Studie-IT-Kosten-
Wertmanagement.pdf

Söbbing, T., Funk, A., Fritzemeyer, W., Heinbuch, H., Neuhaus, S., & Niedermeier, R. (2006).
Handbuch IT-Outsourcing.

Strahringer, S. (Oktober 2005). Abgerufen am 2. März 2013 von
http://hmd.dpunkt.de/pdf/glossar245.pdf